Ingrid Moras

Draht-Schmuck bezaubernd schön

CHRISTOPHORUS
BRUNNEN-REIHE

Inhalt

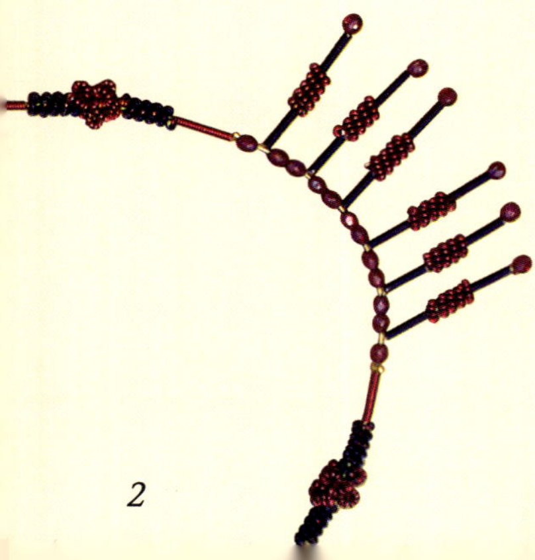

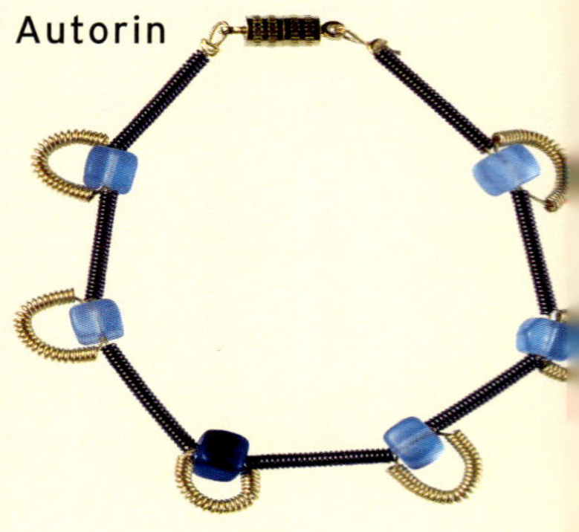

Trendy mit Wire

Spiralperlen aus metallic-glänzendem Draht sind spielend leicht herzustellen. Ganz gleich, welche Modefarbe gerade aktuell ist, mit den vielen verschiedenen Farbtönen, in denen Lackdraht angeboten wird, kann man schnell die zum jeweiligen Outfit passende Schmuckkombination anfertigen. Zusätzlich eingearbeitete Rocailles und Perlen in perlmuttartig schimmernden Regenbogenfarben verschmelzen mit den glänzenden Drahtperlen zu einer Einheit. Die zu kleinen Anhängern verarbeiteten Strasssteine verstärken den Glamour-Look. Glitzernde Schmetterlinge und kleine Glückskäfer sind für alle Liebhaber dieser fein geschliffenen Glassteine echte Hingucker. Weniger auffällig, aber deshalb nicht weniger reizvoll sind die ganz zarten, filigranen Schmuckkombinationen.

Es ist wirklich erstaunlich, wie viele Variationsmöglichkeiten diese Drahttechnik ermöglicht. Vielleicht ist es mir ja gelungen, Ihnen mit dieser kleinen Auswahl an Möglichkeiten die kreative Arbeit mit Draht nahe zu bringen.

Ich wünsche Ihnen jedenfalls viel Spaß beim Drehen und Verarbeiten der zauberhaften Drahtperlen.

Ingrid Moras

Material & Werkzeug

Die Werkzeuge

Das **T-förmige Grundwerkzeug, „Twister"** (1 mm bis 8 mm ∅, z. B. von Creative Hobbies, Pracht) genannt, oder die **Wire-Spiralenkurbeln** (2 mm und 3 mm ∅, z. B. von EFCO, Pracht) mit und ohne Griff, zum Teil mit Halterung, werden benötigt, um Spiralen, Spiralperlen, Knäuelperlen und Perlenspiralen herzustellen. Mit **„Kreativstäben"** (Stahldraht, 1 mm bis 3 mm ∅, z. B. von Creative Hobbies) können gedrehte Spiralen hergestellt werden. Jeweils zwei aufeinander gelegte Stäbe mit gleichen oder auch verschiedenen Durchmessern an einem Ende mit Malerklebeband mehrmals umwickeln. Zum Eindrehen von Drahtenden eine kleine **Rosenkranzzange** verwenden, zum Abschneiden der Drähte einen **Seitenschneider**.

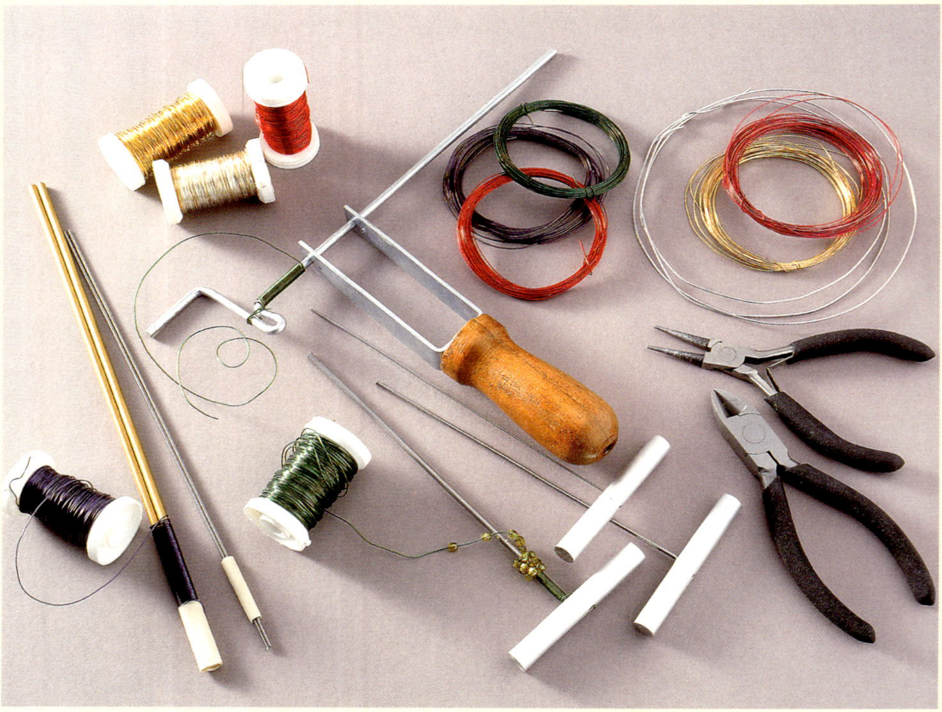

Die Drähte

Zur Drahtperlen-Herstellung eignen sich Drähte in der Stärke von 0,4 mm bis 0,8 mm ∅ besonders gut: **Silber-, Messing- und Golddraht** (0,4 bzw. 0,6 mm ∅); außerdem **Lackdraht** (metallic-lackiert, 0,5 mm ∅) in zahlreichen, schillernden Metallicfarben (z. B. von Creative Hobbies, EFCO, Pracht). Auch aus dem **weichen Aluminiumdraht** (1 mm ∅, z. B. von EFCO) entstehen reizvolle Schmuckelemente.

Die Perlen

Besonders wirkungsvolle Schmuckstücke ergeben sich, wenn Drahtperlen mit dazu passenden Perlen kombiniert werden: Kleine **Rocailles oder Glasstifte, Strasssteine** als Perlen, Rondelle oder im Kreuzkessel (z. B. von Creative Hobbies, Pracht), glitzernde **Kunststoffperlen** (z. B. von Pracht), **unregelmäßige Katzenaugen-Perlen** (z. B. von Pracht) oder **matte Glasperlen** in Würfelform (z. B. von Creative Hobbies) sind topaktuelle Ergänzungen.

Die Ketten

Die Drahtperlen und Perlen für Ketten auf verschiedenfarbigen, **Nylon ummantelten Stahldraht (nylon-coated, 0,4 mm ∅)** aufziehen; in der Materialliste wird dieser Draht kurz „Stahldraht" genannt. Die Perlen abschnittweise auf dem Stahldraht befestigen, indem an den Enden ringförmige **Quetschperlen** (aus Metall) aufgeschoben und durch Zusammendrücken mit einer Zange fixiert werden.
Als Verschlüsse **Rohrsteckverschlüsse, Schraubenschließen** oder **Magnetschließen** verwenden. Die Drahtenden durch Zusammendrücken der Enden des Rohrsteckverschlusses mit einer Zange einbinden. Die Schraubenschließen bzw. Magnetschließen am besten mit Quetschperlen befestigen (siehe Seite 32).

Die Armbänder

Als Grundlage für Armbänder neben Stahldraht **elastischen Perlonfaden, Armreife** (1- bis 3-reihig) oder **Sicherheitsnadeln** verwenden. Nach dem Aufziehen der Drahtperlen auf die **Sicherheitsnadeln** den Verschluss mit einer Zange zusammendrücken; den elastischen Perlonfaden verknoten.

So gehts

1. Stufe: Die Spirale

1 Das Drahtende des Messingdrahtes durch das Loch in der Querstrebe des T-förmigen Werkzeugs „Twister" führen und durch Umbiegen fixieren (bei der „Wire-Kurbel" den Draht dreimal um das kurze Mittelstück der Kurbel wickeln).

2 Den Draht über den Stab legen und die Spule herabhängen lassen. Mit Daumen und Zeigefinger den Draht auf den Stab drücken, während die Querstange des Twisters mit dem Zeigefinger der rechten Hand gedreht wird (bzw. die Wire-Kurbel bewegen). Die linke Hand gleitet mit der wachsenden Spirale mit. Bei starken Drähten die Querstange mit der ganzen Hand in halben Drehungen bewegen.
Die Windungen dürfen nicht übereinander geraten und keinen Abstand haben; ein nachträgliches Aufschieben der Windungen gelingt nicht optimal.

3 Die Spirale in gewünschter Länge wickeln oder in der erforderlichen Länge abschneiden. Für manche Schmuckelemente kann sie auch ganz oder teilweise auseinander gezogen werden.

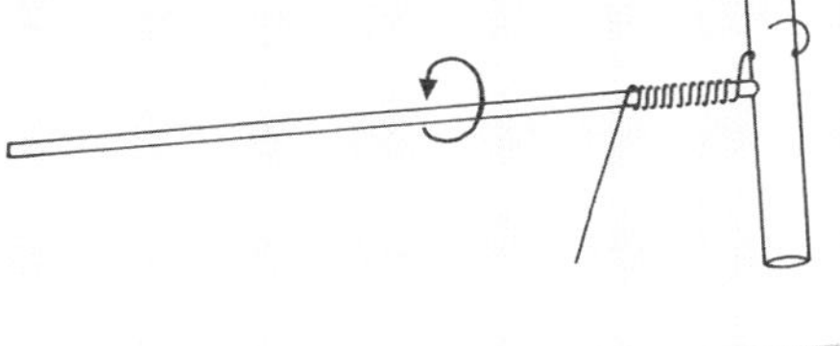

2. Stufe: Die Spiralperle

1 Die Messingspirale auf einen grünen Lackdraht schieben; nach dem Fixieren des Lackdrahtes am Twister eine 3 cm lange Spirale um den Stab wickeln.

2 Dann die Messingspirale zum Stab des Werkzeugs hinaufschieben und unter der Spirale festhalten. Durch das Drehen der Querstrebe wickelt sich die Spirale um den Stab. Wenn die ganze Messingspirale aufgewickelt ist, eine 3 cm lange Spirale aus grünem Draht anschließen.

3 Die Spiralperle (mit den 3 cm langen Spiralen-Enden) bildet die Grundlage für die Knäuelperle. Die Spiralen-Enden der Spiralperle können bis auf drei Windungen beliebig gekürzt werden.

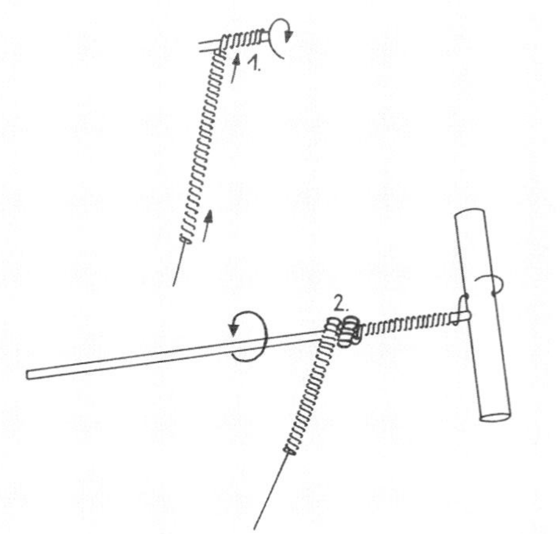

3. Stufe: Die Knäuelperle

1 Zunächst die Spiralperle über einen blauen Lackdraht ziehen, Spule und Perle hängen lassen. Den blauen Draht im Loch des Twisters fixieren und eine 1,5 cm lange Spirale wickeln.

2 Anschließend die Spiralperle fest auf die letzte Windung schieben und festhalten. Durch das Drehen der Querstrebe entwickeln sich die grünen Spiralen zu Spiralperlen und die messingfarbene Spiralperle zum Knäuel.

3 Zuletzt mit dem blauen Draht ein 1,5 cm langes Stück wickeln. Die Spiralen-Enden der Knäuelperle können bis auf drei Windungen gekürzt werden.

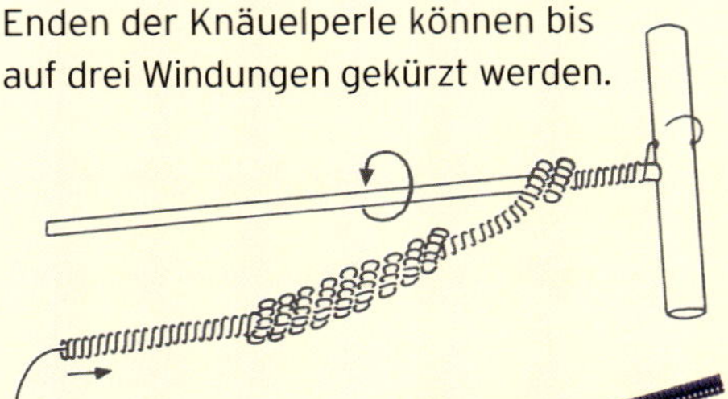

Die Perlenspirale

Für Perlenspiralen zuerst Perlen auf den Draht ziehen, dann mit dem Draht eine kurze Spirale wickeln, die Perlen mit sanftem Druck zum Stab des Twisters aufschieben und den Perlenstrang um den Stab herum ohne Lücken aufwickeln. Mit einer Drahtspirale beenden.

Die gedrehte Spirale

Mit 20 cm langen „Kreativstäben" können ganz leicht gedrehte Spiralen in verschiedenen Ausführungen hergestellt werden.

1 Jeweils zwei Kreativstäbe mit gleichen bzw. auch unterschiedlichen Durchmessern aufeinander legen und an einem Ende mehrmals mit Malerklebeband fest umwickeln.

2 Nahe am Klebeband mit den Drahtumwicklungen beginnen. Den Draht mit der linken Hand führen und die Stäbe mit der rechten Hand drehen. Sollten sich die Stäbe bei längeren Umwicklungen zu sehr verdrehen, auch das andere Ende mit ein wenig Klebeband zusammenhalten.

3 Die Spirale abziehen und Stück für Stück mit beiden Händen in entgegengesetzter Richtung eindrehen. Die Häufigkeit der Drehungen bestimmt darüber, ob die Drehungen der Spirale eng oder weit auseinander liegen.

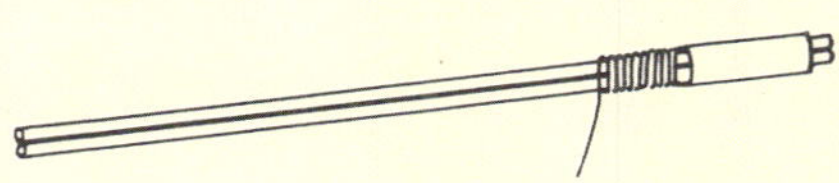

Glückskäfer

Material

Kette

Für den Käfer:

- Messingdraht, 0,3 mm ∅
- Kesselstrass in Amethyst, 10 x 8 mm
- Glasschliffperlen in Amethyst, 4 mm ∅
- Rocailles in Brombeer, 2,5 mm ∅

Für die Kette:

- Golddraht, 0,6 mm ∅
- Stahldraht in Gold
- Quetschperlen in Gold, 2 mm ∅
- Glasschliffperlen in Amethyst, 4 mm ∅
- Rohrsteckverschluss in Gold

Armband

- Golddraht und Glasschliffperlen siehe Kette
- Perlonfaden, 0,25 mm
- Magnetschließe in Gold, 16 x 5 mm

Ohrringe

- Golddraht, Glasschliffperlen, Stahldraht und Quetschperlen siehe Kette
- Ohrfedern in Gold

Hilfsmittel

Twister, 1 mm ∅

Vorlagen A1 - A3

Für diese Schmuckkombination immer 12,5 mm lange Spiralen drehen, zum Teil dehnen (siehe Vorlagen A1 - A3).

Für die **Kette** (Vorlage A1) Spiralen und Glasschliffperlen auf Stahldraht aufziehen. Den Käfer so anhängen, dass der Stahldraht durch die äußerste Perle des mittleren Fußes geführt wird. Mit Quetschperlen die Perlenabschnitte auf der Kette platzieren und im Rohrsteckverschluss die Enden einbinden.

Den **Käfer** mit einem 35 cm langen Messingdraht, bei den Fühlern in der Mitte des Drahtes beginnend, nach der separaten Vorlage arbeiten: Eine Rocaille aufziehen und die Drähte etwa 15 mm weit miteinander verdrehen. Ein Drahtende durch die 4-mm-Perle ziehen und den zweiten Fühler arbeiten. Dann die Drahtenden durch den Kesselstrass nach unten ziehen und die Beine aufziehen. Jeweils drei Perlen mit dem Draht aufnehmen und den Draht durch die ersten zwei Perlen zurückziehen. Beim Zurückziehen die Perlen nahe am Kesselstrass festhalten. Zuletzt die Drahtenden durch die Löcher oben ins Innere des Kesselstrasses ziehen und miteinander verknoten. Der Käfer kann in beliebigen Farben, zum Beispiel Kristall, gefertigt werden.

Beim **Armband** (Vorlage A2) einen 1,20 m langen Perlonfaden in der Mitte an der Schließe anknoten und mit den Enden Perlen und Spiralen aufnehmen.

Für die **Ohrringe** (Vorlage A3) Spiralen und Glasschliffperlen auf Stahldraht aufziehen; die Enden mit Quetschperlen zusammenhalten.

Spiralzauber

Material

Kette

- Lackdraht in Orange, Schwarz, 0,5 mm ∅
- Rundperlen (Polaris) in Rehbraun, 6 mm ∅
- Rocailles in Schwarz, 2,5 mm ∅
- Golddraht, 0,6 mm ∅
- Stahldraht in Gold
- Quetschperlen in Gold, 2 mm ∅
- Magnetschließe in Gold, 16 x 5 mm

Armband

- Lackdraht siehe Kette
- elast. Perlonfaden

Ohrringe

- Lackdraht, Golddraht, Rundperlen und Rocailles siehe Kette
- Ohrfedern in Gold

Hilfsmittel

- Twister, 1 mm ∅
- 2 Kreativstäbe, 1 mm ∅

Vorlagen B1 - B3

Die Drahtperlen in Form von Spiralen, Spiralperlen und gedrehten Spiralen aus Lackdraht nach den Vorlagen B1 - B3 arbeiten. Die flachen Schnecken der Spiralperlen A, D und F entstehen jeweils im zweiten Arbeitsschritt, indem die auf den schwarzen Lackdraht aufgeschobene orangefarbene Spirale um den Twister herum zu einer Schnecke geformt wird, die nach Beendigung der schwarzen Spirale flach umgebogen wird.

Die Perlen für die Anhänger der **Kette** (Vorlage B1) und für den **Ohrring** (Vorlage B3) auf Golddraht aufziehen, dessen Enden jeweils zu zwei kleinen Kreisen gebogen werden.
Die gefertigten Anhänger und Perlen der Kette auf Stahldraht aufziehen und mit Quetschperlen fixieren. Mit Quetschperlen eine Magnetschließe befestigen.

Die Drahtperlen des **Armbandes** (Vorlage B2) auf einen elastischen Perlonfaden aufziehen. Die Enden gut miteinander verknoten. Zur Sicherheit den Knoten mit etwas Sekundenkleber versehen. (Vorsicht, keine Berührung mit den Fingern!)

Schwarz & Weiß

Material

Blümchenkette

- Lackdraht in Schwarz, 0,5 mm ∅
- Rocailles in Schwarz, Weiß, 2,5 mm ∅
- Perlonfaden, 0,25 mm ∅
- Magnetschließe in Silber, 16 x 5 mm
- Quetschperlen in Silber, 2 mm ∅

Spiralenkette

- Lackdraht, Rocailles, Quetschperlen und Magnetschließe siehe Blümchenkette
- Silberdraht, 0,4 mm ∅
- Stahldraht in Silber

Armband

- Lackdraht in Schwarz, 0,5 mm ∅
- Rocailles in Weiß, 2,5 mm ∅
- Cat's-Eyes-Teile mit Loch in Weiß
- elast. Perlonfaden

Hilfsmittel

- Twister, 1 mm und 2 mm ∅

Vorlagen C1 - C3

Für die **Blümchenkette** Spiralen nach der Vorlage C1 arbeiten. Zunächst mit einem 1,50 m langen Perlonfaden, der nach links 50 cm Überstand haben muss, die zickzackförmig angeordneten Blüten aus Perlen und Spiralen aufziehen, wie die Skizze verdeutlicht (Fadenführung mit durchgezogenem Strich).
Im zweiten Arbeitsschritt die Fadenenden jeweils durch drei Perlen der äußersten Blüten nach oben ziehen. Anschließend je zwei Perlen der oberen Blüten mit den Fadenenden in entgegengesetzter Richtung aufnehmen und dabei jeweils eine 1-cm-Spirale dazwischenfassen (gestrichelte Fadenführung). Die Kette nach Vorlage beenden und die Magnetschließe befestigen.

Für die **Spiralenkette** eine 5 cm lange Spirale (= D) in Schwarz (2 mm ∅) nach Vorlage C2 fertigen. Anschließend auf einen Silberdraht weiße Perlen aufziehen (10 cm lang = etwa 60 Perlen); dann eine 5 mm lange Spirale (1 mm ∅) anfertigen, die schwarze Spirale auf den Stab des Twisters aufschieben, die Perlen zum Stab hochschieben und um die schwarze Spirale wickeln; die Perle mit einer 5 mm langen Spirale aus Silberdraht beenden. Die Drahtperle D/E zusammen mit Rocailles und weiteren Spiralen auf Stahldraht aufschieben und mit Quetschperlen fixieren. Zuletzt die Magnetschließe befestigen.

Beim **Armband** Spiralen, Cat´s-Eyes-Teile und weiße Rocailles auf elastischen Perlonfaden aufziehen (Vorlage C3). Die Enden gut miteinander verknoten.

Modisch in Lila

Material

Kette

- Lackdraht in Lila, Blau, 0,5 mm ∅
- Glasschliffperlen in Amethyst, 4 mm ∅
- Stahldraht in Gold
- Perlonfaden, 0,25 mm ∅
- Quetschperlen in Gold, 2 mm ∅
- Rohrsteckverschluss in Gold

Armband

- Glasschliffperlen und Lackdraht siehe Kette
- etwa 16 Sicherheitsnadeln in Gold, 28 mm
- elast. Perlonfaden

Ohrringe

- Lackdraht, Glasschliffperlen, Stahldraht, Quetschperlen siehe Kette
- Ohrfedern in Gold

Vorlagen D1 - D3

Für die **Kette** Spiralperlen und Knäuelperlen (siehe Seite 6/7) nach Vorlage D1 arbeiten. Damit die Spiralperlen-Anhänger der Kette locker herabhängen, einen Perlonfaden zum Auffädeln verwenden. Diesen auf den Stahldraht, der nur durch die oberen 4-mm-Perlen des Anhängers läuft, anknoten und zusätzlich durch eine Quetschperle sichern. Spiralperlen und Perlen nach der Vorlage aufziehen und mit Quetschperlen sichern.

Beim **Armband** Spiralperlen und 4-mm-Perlen auf die Sicherheitsnadeln aufschieben (Vorlage D2) und den Verschluss mit einer Zange zusammendrücken. Je einen 30 cm langen, elastischen Faden durch die Ringe und die Verschlüsse der Nadeln führen und dabei jeweils zwei Perlen als Abstandhalter dazwischenfassen. Die Fadenenden jeweils gut miteinander verknoten und mit Sekundenkleber sichern.

Bei den **Ohrringen** (Vorlage D3) eine Knäuelperle auf einen Stahldraht schieben und beide Drahtenden durch eine 4-mm-Perle ziehen. Die Drahtenden durch eine Quetschperle fixieren.

Material

Libellenkette

- 5 Strasssteine im Kreuzkessel in Kristall, 6 mm Ø
- Silberdraht, 0,4 mm Ø
- Stahldraht in Silber
- Glasschliffperlen in Blau, 4 mm Ø
- Quetschperlen in Silber, 2 mm Ø
- Rohrsteckverschluss in Silber

Kette in Blau

- Silberdraht, Stahldraht, Quetschperlen, Rohrsteckverschluss und Glasschliffperlen siehe Libellenkette
- Lackdraht in Blau, 0,5 mm Ø
- 5 Strasssteine im Kreuzkessel in Blau, 6 mm Ø

Armreif

- Glasschliffperlen in Blau, 4 mm Ø
- Glasstifte in Blau-Lila, 2 mm
- Silberdraht, 0,4 mm Ø
- Lackdraht in Blau, 0,5 mm Ø
- Armreif, 6 cm Ø, 3-reihig

Hilfsmittel

- Twister, 1 mm Ø
- Rosenkranzzange

Vorlagen E1 - E3

Im Glamour-Look

Bei der **Libellenkette** (Vorlage E1) zunächst die Libelle von unten nach oben mit einem 60 cm langen Silberdraht arbeiten: In der Mitte des Drahtes beginnen und die Enden durch die Kreuzkessel der Strasssteine nach oben führen. Nach dem vierten Strassstein auf jeden Draht die in der Mitte gedehnte Spirale A aufschieben und die oberen Flügel formen. Den Draht zweimal um den Flügelansatz wickeln und die unteren Flügel ebenso arbeiten. Dann die Drähte durch den letzten Strassstein ziehen und jeweils zu einer 1 cm langen Spirale drehen. Durch diese Spiralen den Stahldraht der Kette ziehen.

Den blauen Anhänger der **„Kette in Blau"** (Vorlage E2) ebenso arbeiten wie den Libellenkörper. Bei beiden Ketten Spiralen, die zum Teil gedehnt werden, Spiralenperlen und Glasschliffperlen aufziehen und mit Quetschperlen auf dem Stahldraht platzieren. Die Spiralperle B/C wird dabei in der Mitte so locker gewickelt, dass im Inneren der Perle drei 4-mm-Glasschliffperlen aufgenommen werden können. Zum Auffädeln der Perlen die lockeren Windungen in der Mitte auseinander und dann wieder zurückbiegen. Die Enden in Rohrsteckverschlüssen einbinden.

Auf den **Armreif** (Vorlage E3) im Wechsel Glasstifte, 4-mm-Perlen und Spiralperlen aufziehen. Das Ende mit einer Zange rund biegen.

Schillernd schön

Material

Kette

- Lackdraht in Orange, Gold, 0,5 mm ∅
- Silberdraht, 0,4 mm ∅
- Rocailles in Kupfer, Silber, 2,5 mm ∅
- Würfelperlen (Polaris) in Rehbraun, 5 mm
- Stahldraht in Gold
- Rohrsteckverschluss in Gold

Armband

- Lackdraht, Silberdraht, Rocailles und Stahldraht siehe Kette
- Lochstege mit 3 Löchern, 15 mm
- Magnetschließe, 14 x 8 mm
- Quetschperlen in Gold, 2 mm ∅
- 2 Spaltringe in Gold

Ohrringe

- Lackdraht, Silberdraht, Rocailles und Würfelperlen siehe Kette
- Quetschperlen in Gold, 2 mm ∅
- Golddraht, 0,6 mm ∅
- Ohrfedern in Gold

Hilfsmittel

- Twister, 1 mm, 8 mm ∅
- Rosenkranzzange

Vorlagen F1 - F3

Für diese Kombination orangefarbene, goldene und silberne Spiralen (1 mm ∅) anfertigen. Für die Kette und die Ohrringe ganz unterschiedliche Längen abschneiden, für das Armband jeweils 2 cm lange Stücke.

Die Spiralen für die **Kette** (Vorlage F1) zusammen mit Rocailles und Würfelperlen auf drei Stahldrähte aufschieben, deren Enden im Rohrsteckverschluss so fixiert werden, dass sich die Bögen mit geringem Abstand um den Hals legen lassen.

Beim **Armband** drei etwa 25 cm lange Stücke vom Stahldraht mit einer Quetschperle am Spaltring fixieren und diesen wiederum an der Magnetschließe einhängen. Rocailles und Spiralen aufziehen (siehe Vorlage F2), dazwischen die drei Drähte durch die Löcher von insgesamt sechs Lochstegen ziehen, die als Abstandhalter dienen. Zuletzt die drei Drähte mit einer Quetschperle am Spaltring bzw. dem Verschluss fixieren.

Beim **Ohrring** (Vorlage F3) Spiralen, eine Würfelperle und Rocailles (etwa 10 cm) auf einen Golddraht aufschieben. Das untere Ende durch eine Quetschperle sichern, das obere Ende zu zwei Ringen drehen. Das gerade Stück über einen 8-mm-Stab wickeln, die Spirale oben und unten mit einer Zange enger drehen.

Zarter Regenbogen

Material

Kette

- Glasstifte in Rosa, Orchidee, Blau-Lila, Taubenblau, Türkis, Mint, Maigrün, 2 mm
- Silberdraht, 0,4 mm ∅
- Quetschperlen in Silber, 2 mm ∅
- Stahldraht in Silber
- Schnecke, 35 mm
- Magnetschließe in Silber, 14 x 8 mm

Armband

- Glasstifte und Silberdraht siehe Kette
- Armreif, 6 cm ∅, 3-reihig

Ohrringe

- Glasstifte und Silberdraht siehe Kette
- Schnecke, 20 mm
- Ohrfedern in Silber

Hilfsmittel

- Twister, 1 mm ∅
- Rosenkranzzange

Vorlagen G1 – G3

Spiralen und Spiralperlen für die Schnecken der **Kette** und der Ohrringe sowie des Armbandes nach den Vorlagen G1 – G3 anfertigen.

Für die Perlenspirale A der Kette (Vorlage G1) zunächst 70 Glasstifte, jeweils zehn in einem Farbton, auf einen Silberdraht aufziehen. Nach dem Wickeln einer 7 mm langen Drahtspirale die Perlen mit sanftem Druck zum Stab schieben und zur Spirale eindrehen. Die Spirale anschließend mit einem 7 mm langen Silberdraht beenden. Glasstifte und Drahtelemente bei der Kette auf Stahldraht aufschieben und mit Quetschperlen fixieren. Zuletzt mit Quetschperlen die Magnetschließe befestigen.

Im Wechsel Glasstifte und eine Spiralperle auf den **Armreif** (Vorlage G2) und die Schnecke des **Ohrringes** (Vorlage G3) aufschieben. Das Ende jeweils mit einer Zange zu einem kleinen Kreis formen.

Material

Kette

- Lackdraht in Blau, 0,5 mm Ø
- Golddraht, 0,6 mm Ø
- Glaswürfel in Azur, 5 mm
- Stahldraht in Gold
- Quetschperlen in Gold
- Rohrsteckverschluss in Gold

Armband

- Lackdraht, Golddraht, Stahldraht und Quetschperlen siehe Kette
- Glaswürfel in Azur, Blau, 5 mm
- Magnetschließe in Gold, 16 x 5 mm

Ohrringe

- Golddraht, Stahldraht und Quetschperlen siehe Kette
- Glaswürfel in Blau, 5 mm
- Ohrfedern in Gold

Hilfsmittel

- Twister, 1 mm Ø

Vorlagen H1 - H3

Blue Eyes

Für die **Kette** (Vorlage H1) zunächst die goldfarbenen Spiralen A anfertigen, die auf blauen Lackdraht aufgeschoben werden. Dann die Spiralen B mit dem blauen Lackdraht drehen: Nach der blauen Spirale (10 mm lang) eine aufgeschobene, goldfarbene Spirale zum Stab hinaufschieben, zum Bogen biegen, mit der rechten Hand festhalten und den blauen Draht mit der linken Hand viermal um den Stab wickeln; die restliche Spirale wie gewohnt drehen. Diese Arbeitsschritte wiederholen, wie die Skizzen zeigen. Durch die blauen Spiralen jeweils den Stahldraht der Kette ziehen und dabei jeweils beim Bogen eine Perle dazwischenfassen. Den Anhänger aus Golddraht formen, die Enden über dem Stab zu zwei Windungen eindrehen. Quetschperlen und Rohrsteckverschluss durch Zusammendrücken fixieren.

Beim **Armband** (Vorlage H2) die Schließe mit einer Quetschperle an einem Ende des Stahldrahtes befestigen und die Spiralen D und E aufziehen: Eine blaue Spirale, eine Würfelperle und eine goldfarbene Spirale aufnehmen und den Draht nochmals durch die Würfelperle ziehen. Diese Arbeitsschritte wiederholen, bis das Band ausreichend lang ist, dann die Schraubenschließe befestigen.

Beim **Ohrring** Spiralen und Würfelperlen nach der Vorlage H3 aufziehen; dabei mit der bogenförmigen Spirale in der Mitte des Stahldrahtes beginnen. Zuletzt zwei Quetschperlen im Abstand von 3 mm fixieren und die Drahtüberstände abschneiden.

Material

Kette

- Glasstifte in Blau-Lila, Taubenblau, Türkis, 2 mm
- Rocailles in Silber, 2,5 mm ∅
- Kunststoffperlen (Polaris) in Blau, 8 mm ∅; mit Strass, 10 mm ∅
- Aluminiumdraht, 1 mm ∅
- Silberdraht, 0,4 mm ∅
- Perlonfaden, 0,25 mm ∅

Armband

- Glasstifte, Rocailles, Aluminiumdraht, Silberdraht siehe Kette
- Stahldraht in Blau
- Quetschperlen in Silber
- Magnetschließe in Silber, 16 x 5 mm

Fußkettchen

- Glasstifte, Silberdraht, Kunststoffperlen siehe Kette
- Kunststoff-Mond in Blau
- elast. Perlonfaden

Ring

- Aluminiumdraht, 1 mm ∅
- Silberdraht, 0,4 mm ∅

Hilfsmittel

- Twister, 1 mm ∅
- 2 Kreativstäbe, 1 mm ∅

Vorlagen J1 - J3

Cooles in Blau

Für den **Ring** (siehe Vorlage J1) einen 20 cm langen Aluminiumdraht mit einer Spirale aus Silberdraht (1 mm ∅), die in Abständen gedehnt wird, überziehen. Anschließend den Ring mit dem Durchmesser von etwa 15 mm formen und die Drahtenden jeweils zu kleinen Schnecken eindrehen. Die Schnecken für den Ring der Kette nach innen biegen.

Bei der **Kette** einen etwa 1,20 cm langen Perlonfaden in der Mitte am Ring anknoten und Glasstifte, Drahtspiralen und Perlen auf beide Enden aufziehen (Vorlage J1). Für die Spirale A Aluminiumdraht mit einer Spirale aus Silberdraht, die in unregelmäßigen Abständen gedehnt wird, verkleiden; dann Spiralen (1 mm ∅) drehen und 1 cm lange Stücke abschneiden. Zuletzt die Fadenenden miteinander verknoten.

Beim **Armband** zunächst die Perlen-Kreise mit einem 60 cm langen Stahldraht nach der Vorlage J2 aufziehen; die Enden zuletzt mit einer Quetschperle fixieren. Dann einen 50 cm langen Stahldraht in der Mitte mit einer Quetschperle an der Magnetschließe befestigen, je eine Aluminiumspirale aufziehen, dann mit den Enden jeweils die silbernen Rocailles der Kreise auffassen und dabei 5-mm-Spiralen dazwischenfassen. Am Schluss die Magnetschließe mit einer Quetschperle befestigen.

Für das **Fußkettchen** Glasstifte, Perlen und gedrehte Spiralen nach Vorlage J3 auf einen elastischen Perlonfaden aufziehen. Wenn die Kette ausreichend lang ist, einen Knoten legen und auf die Enden weitere Glasstifte und Perlen aufschieben. Zuletzt jeweils einen Knoten legen und eventuell mit Sekundenkleber sichern.

Farben der Natur

Material

Kette

- Lackdraht in Smaragd, Oliv, 0,4 mm ∅
- Golddraht, 0,6 mm ∅
- Glasstifte in Maigrün, 2 mm
- Glasschliffperlen in Oliv, 4 mm ∅
- Quetschperlen in Gold, 2 mm ∅
- Stahldraht in Gold
- Rohrsteckverschluss in Gold

Armband und Ring

- Lackdraht, Golddraht, Glasstifte und Glasschliffperlen siehe Kette
- elast. Perlonfaden

Hilfsmittel

- Twister, 1 mm ∅, 2 mm ∅, 3 mm ∅

Vorlagen K1 - K3

Für die **Kette** Spiralen und Spiralperlen nach der Vorlage K1 arbeiten. Die Spiralperle mit den Glasschliffperlen anfertigen: Eine olivfarbene Spirale (3 cm), zehn 4-mm-Perlen und die zweite olivfarbene Spirale auf den smaragdfarbenen Draht aufziehen. Nach dem Wickeln einer 1 cm langen, smaragdfarbenen Spirale die olivfarbenen Spiralen und Perlen zum Twister hinaufschieben, festhalten und um den Stab wickeln. Die Perle mit der smaragdfarbenen Spirale beenden. Die Spiralen und Perlen für die Kettenanhänger auf Golddraht aufziehen, dessen Enden zu je zwei Windungen eingedreht werden. Zwischen den Anhängern je einen Glasstift auffädeln. Quetschperlen und Rohrsteckverschluss durch Zusammendrücken auf dem Stahldraht der Kette fixieren.

Die Spiralen, Glasschliffperlen und Glasstifte der **Armbändchen** und des **Ringes** (Vorlagen K2 und K3) auf einen elastischen Perlonfaden aufziehen, dessen Enden zum Schluss gut miteinander verknotet werden.

Material

Kette

- Lackdraht in Schwarz, 0,5 mm ∅
- Silberdraht, 0,4 mm ∅
- Rocailles in Silber, 2,5 mm ∅
- Strassrondell, 6 mm ∅
- Strassperle, 10 mm ∅
- Stahldraht in Silber
- Quetschperlen in Silber
- Magnetschließe in Silber, 16 x 5 mm

Armband

- Lackdraht, Silberdraht, Rocailles und Magnetschließe siehe Kette
- Perlonfaden, 0,25 mm ∅

Ohrringe

- Lackdraht, Silberdraht, Rocailles, Strassperle, Stahldraht und Quetschperlen siehe Kette
- Ohrfedern in Silber

Hilfsmittel

- Twister, 1 mm ∅

Vorlagen L1 - L3

Filigran

Für diese filigrane Kombination Spiralen von 1 cm Länge (1 mm ∅) nach den Vorlagen L1 - L3 arbeiten. Bei der Spirale C die Windungen auseinander ziehen, dann 1 cm lange Stücke abschneiden.

Perlen, Rocailles und Spiralen bei der **Kette** (Vorlage L1) von unten nach oben auf Stahldraht aufziehen und mit Quetschperlen platzieren. Zuletzt die Magnetschließe mit Quetschperlen befestigen.

Beim **Armband** einen Perlonfaden in der Mitte an der Schließe anknoten und Spiralen und Rocailles auf beiden Enden nach der Vorlage L2 aufziehen. Am Ende die Schließe anknoten.

Die **Ohrringe** (Vorlage L3) mit einem Stück Stahldraht fertigen. Am Schluss beide Enden durch zwei Quetschperlen im Abstand von 3 mm ziehen und fixieren.

Butterflies

Material

Ketten

- Silberdraht, 0,4 mm Ø
- Glasschliffperlen in Saphir, Kristall, 4 mm Ø
- Rocailles in Blau, Kristall, 2,5 mm Ø
- Kesselstrass in Saphir oder Kristall, 10 x 8 mm, 6 mm Ø
- Stahldraht in Silber
- Quetschperlen in Silber, 2 mm Ø
- Magnetschließe, 14 x 8 mm

Armband

- Silberdraht, 0,4 mm Ø
- Kesselstrass in Saphir, 10 x 8 mm
- elast. Perlonfaden
- Magnetschließe, 16 x 5 mm

Hilfsmittel

- Twister, 1 mm Ø, 2 mm Ø

Vorlagen M1 – M3

Für die **Ketten** und das **Armband** Spiralen nach den Vorlagen M1 – M3 arbeiten und zusammen mit Glasschliffperlen und dem Schmetterlingsanhänger auf Stahldraht aufschieben und mit Quetschperlen fixieren. Die Magnetschließe mit Quetschperlen befestigen.

Beim **Armband** (Vorlage M3) einen etwa 50 cm langen, elastischen Perlonfaden in der Mitte an der Schließe anbringen, dann Kesselstrass und Spiralperlen auf beide Fadenenden aufziehen. Zuletzt die Fadenenden an der Magnetschließe anknoten.

Den **Schmetterling** mit einem 40 cm langen Silberdraht, bei den Fühlern beginnend, arbeiten. Eine Rocaille in die Mitte des Drahtes schieben und die Drähte darunter etwa 15 mm weit miteinander verdrehen. Ein Drahtende durch die Glasschliffperle ziehen und den zweiten Fühler ebenso arbeiten. Beide Drahtenden durch die Körper-Spirale (= B) nach unten ziehen und Kesselstrass und Rocailles aufziehen, wie die Skizze zeigt. Zuletzt beide Drahtenden nochmals von oben nach unten durch die Spirale ziehen und darunter mit einer Quetschperle sichern. Den Stahldraht der Kette entweder durch die mittlere Rocaille des oberen Flügels oder durch den Spiralen-Körper des Schmetterlings ziehen.

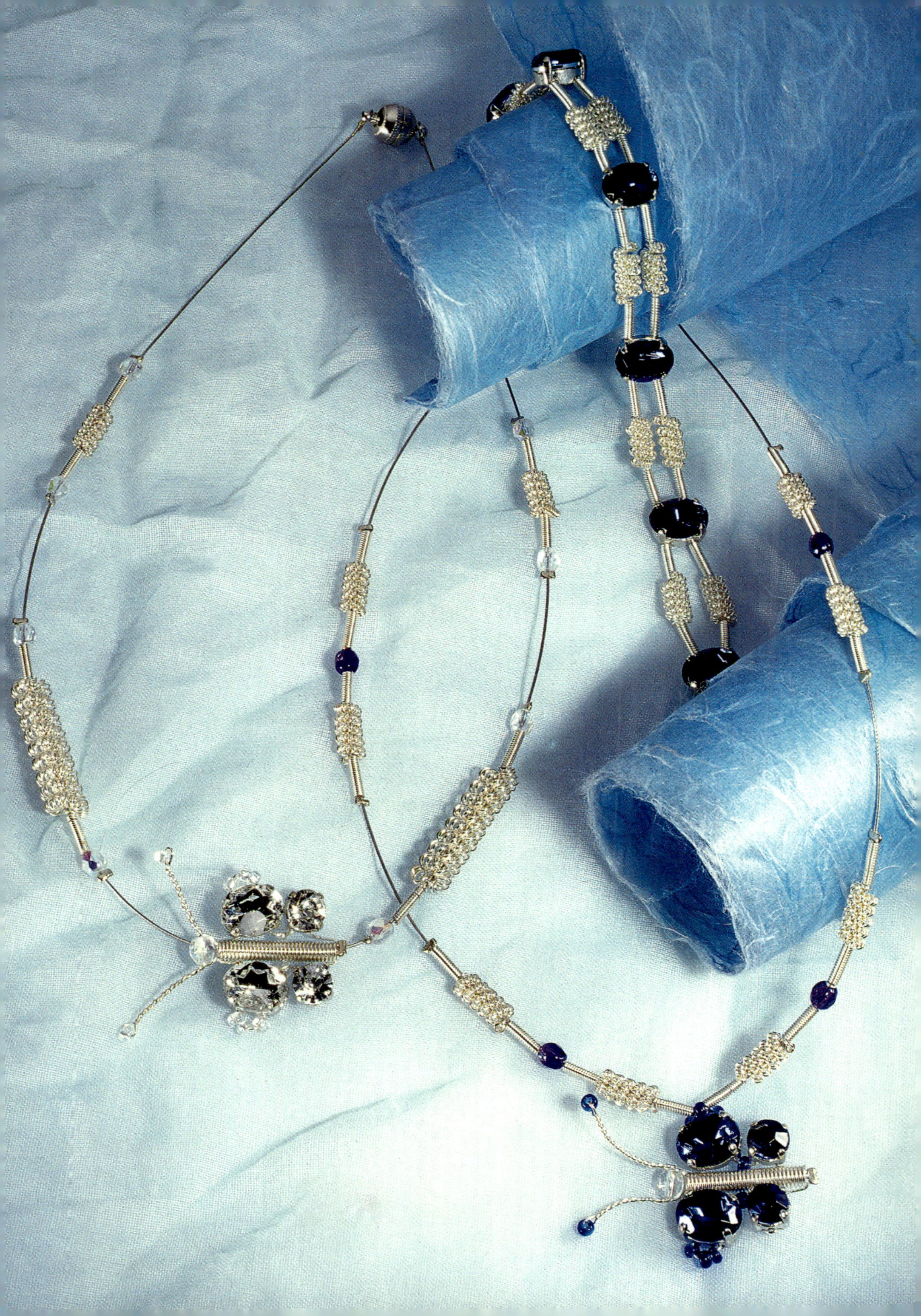

Impressum

ISBN 3-419-56359-0

Lektorat:
Karin Breyer, Freiburg

Styling und Fotos:
Andreas Gerhardt, Freiburg

Covergestaltung und Layoutentwurf:
Network!, München

Coverrealisierung:
smp, Freiburg

Produktion:
Carsten Schorn, Merzhausen

Druck:
Freiburger Graphische Betriebe

Wir sind für Sie da, wenn Sie Fragen haben.
Und wir interessieren uns für Ihre eigenen Ideen und Anregungen.
Schreiben Sie uns, wir hören gerne von Ihnen!
Ihr Christophorus-Team

Christophorus-Verlag GmbH
Hermann-Herder-Str. 4
79104 Freiburg
Tel.: 0761/ 27 17-0
Fax: 0761/ 27 17-3 52
e-mail:
info@christophorus-verlag.de

Profi-Tipp der Autorin

Anbringen von Schließen

1 Schließen lassen sich auf dem Stahldraht ganz einfach mit Quetschperlen fixieren: Eine Quetschperle und dann den Ring der Schließe aufschieben, anschließend den Stahldraht durch die Quetschperle zurückziehen. Die Quetschperle mit der Zange möglichst weit zur Schließe hinaufschieben, dann zusammendrücken. Den Drahtüberstand abschneiden, wenn die Quetschperle fest sitzt.

2 Um den elastischen Perlonfaden zu verknoten, am besten mit beiden Fadenenden zweimal hintereinander eine Schlinge legen und diese festziehen. Diesen Knoten zusätzlich mit Sekundenkleber betupfen (Vorsicht, keine Berührung mit der Haut!), dann hält der Knoten sicher.

■ Weitere Titel von Ingrid Moras

3-419-56360-4

3-419-56246-2

3-419-56298-5